Dieses Adressbuch gehört:

EDITION
ADRESSARIUM

A

A

A

B

B

B

B

B

D

D

D

D

D

E

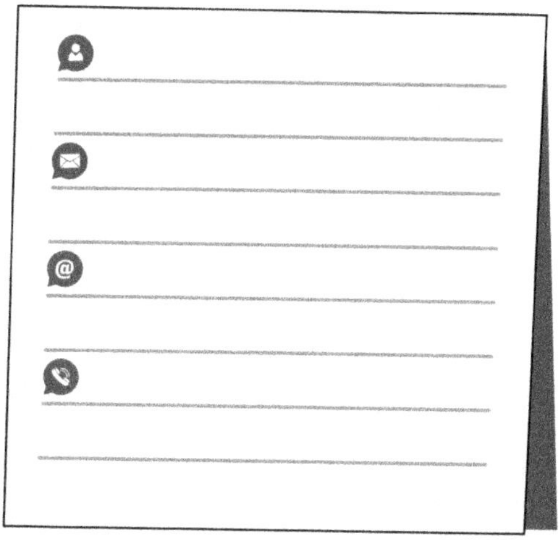
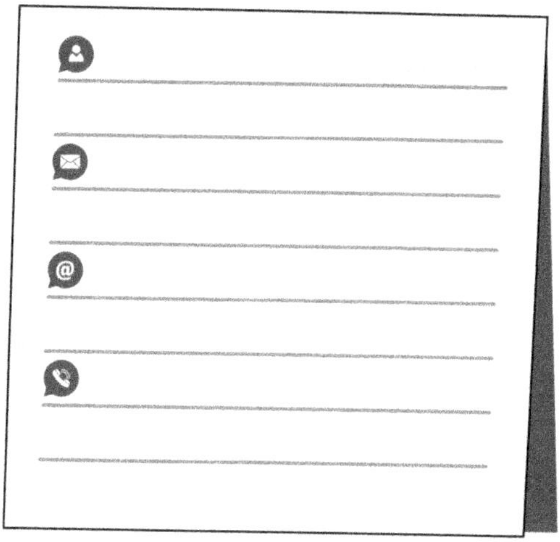
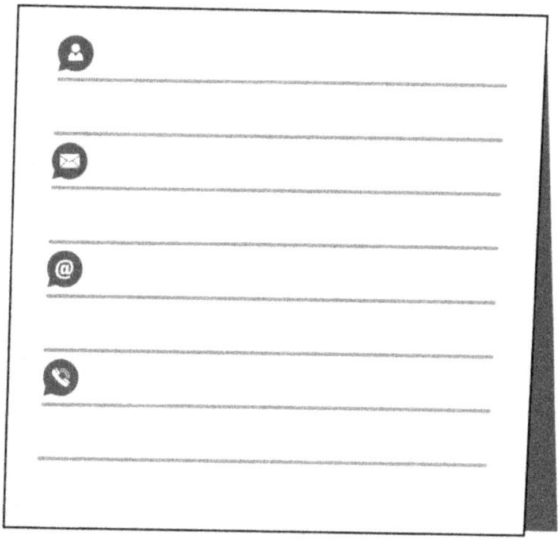
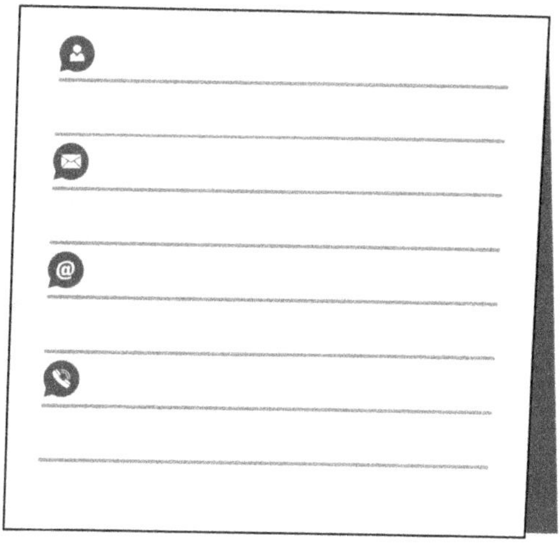
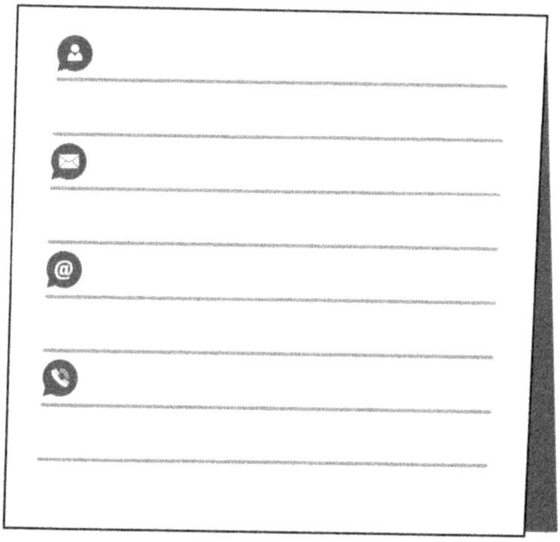
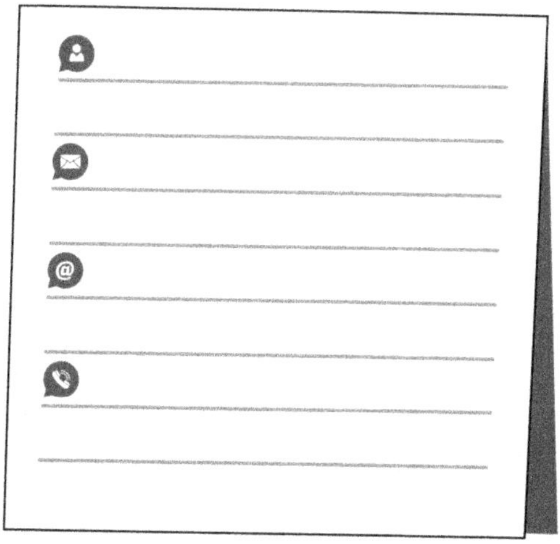

E

F

F

F

G

G

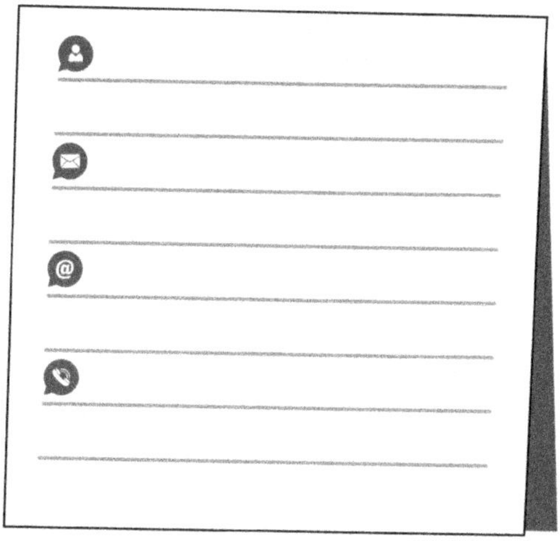
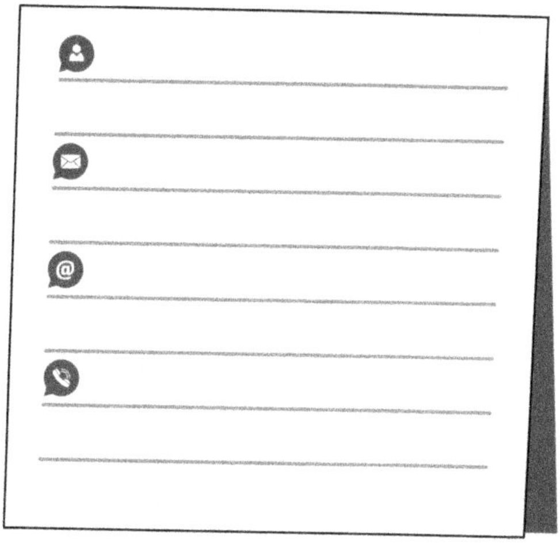
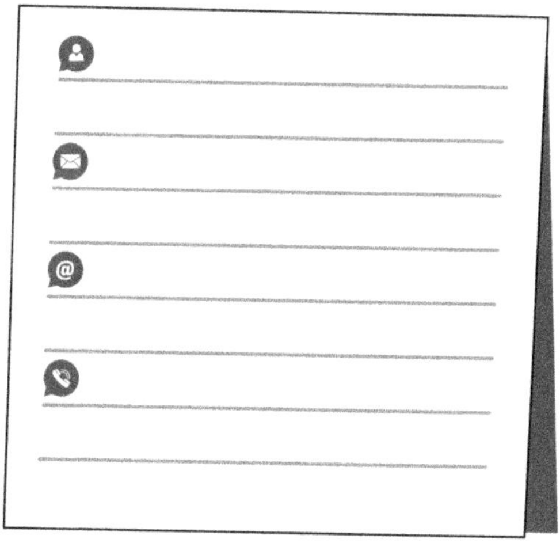
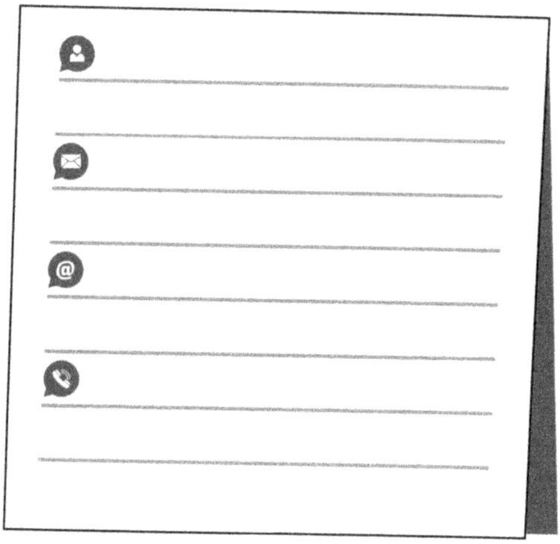
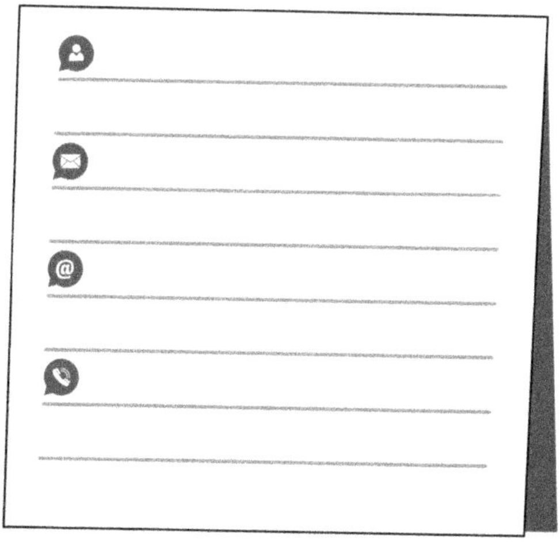
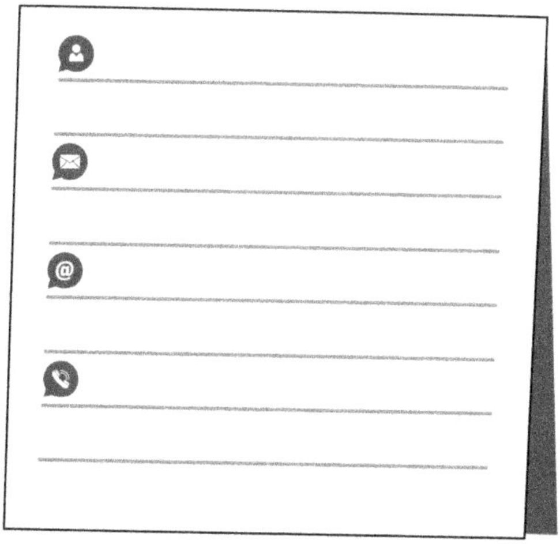

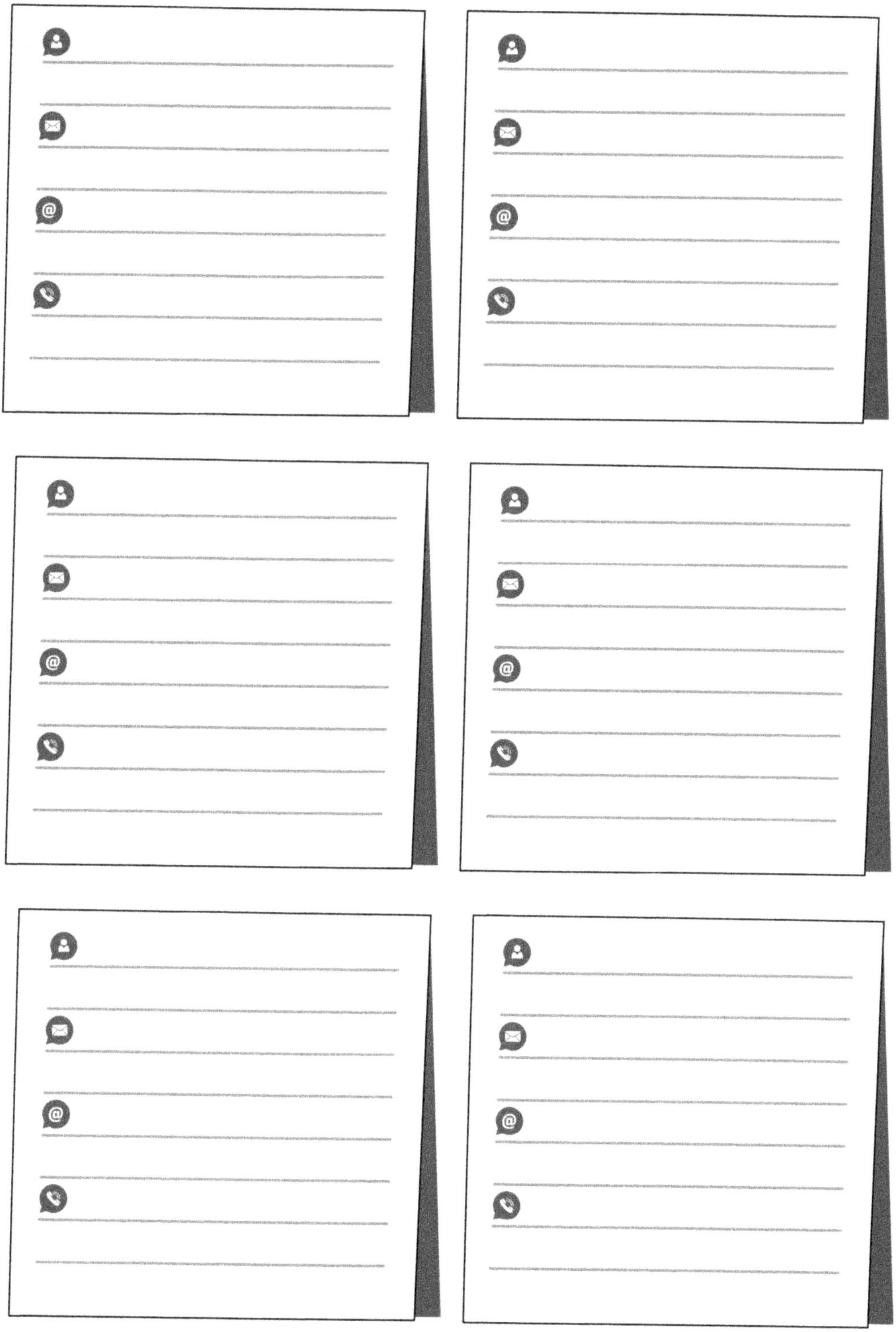

J

J

J

J

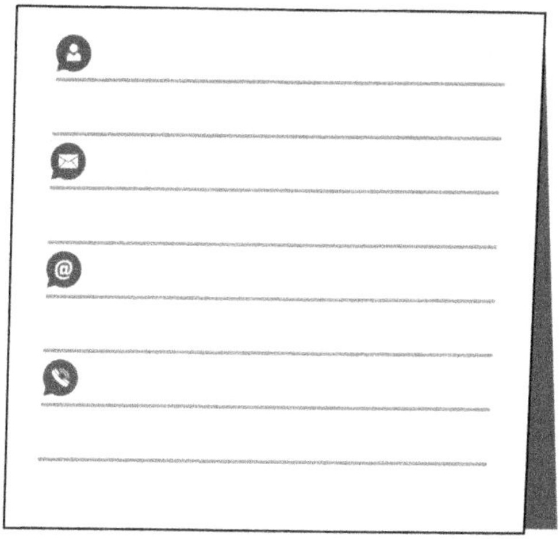
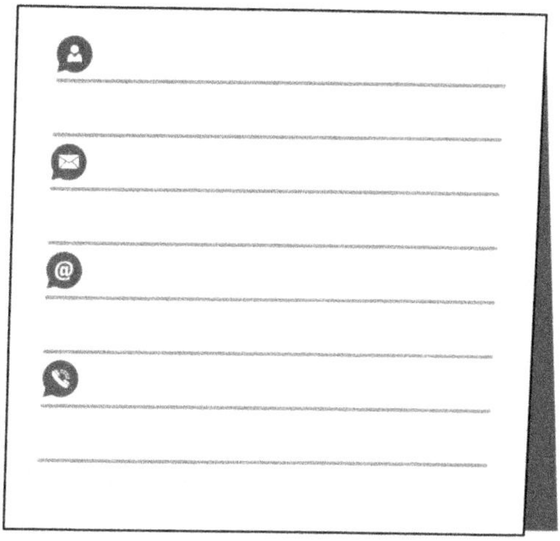
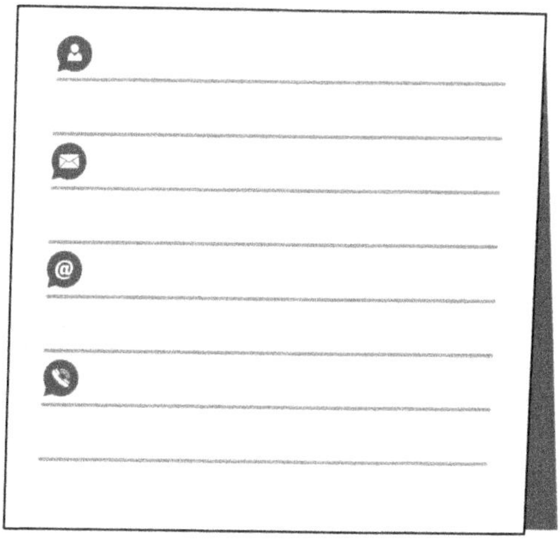
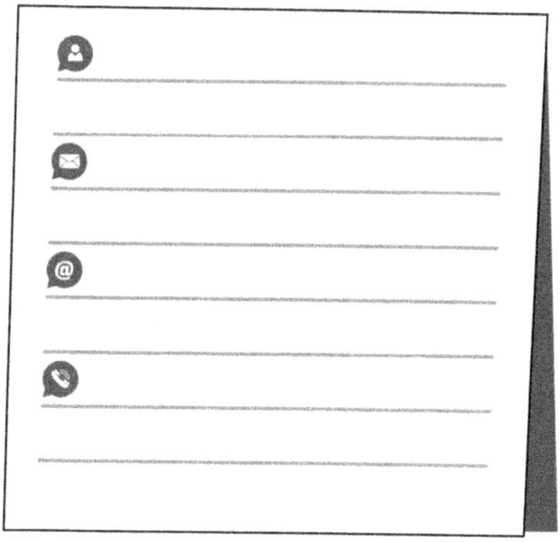
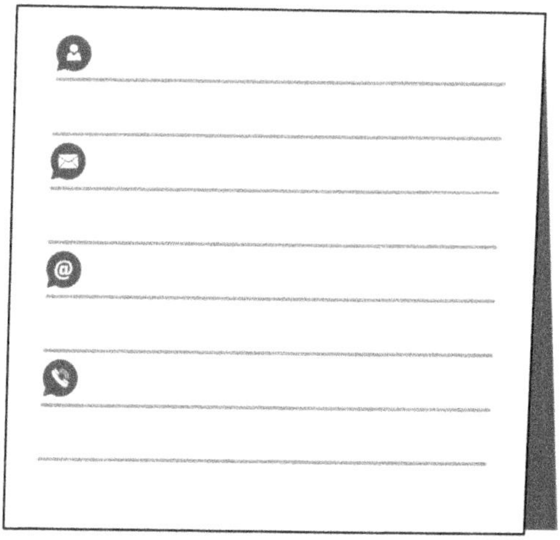
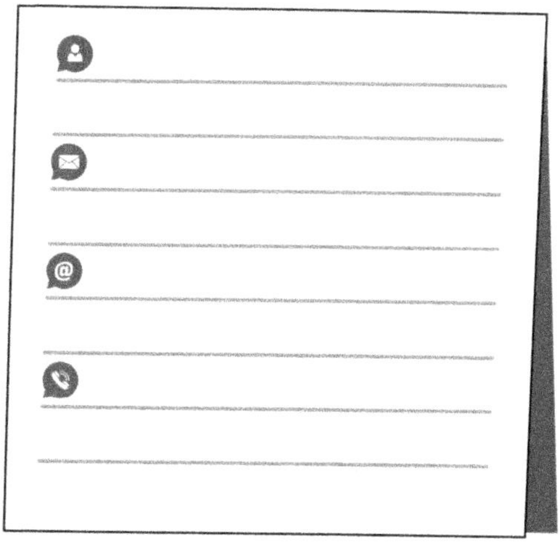

L

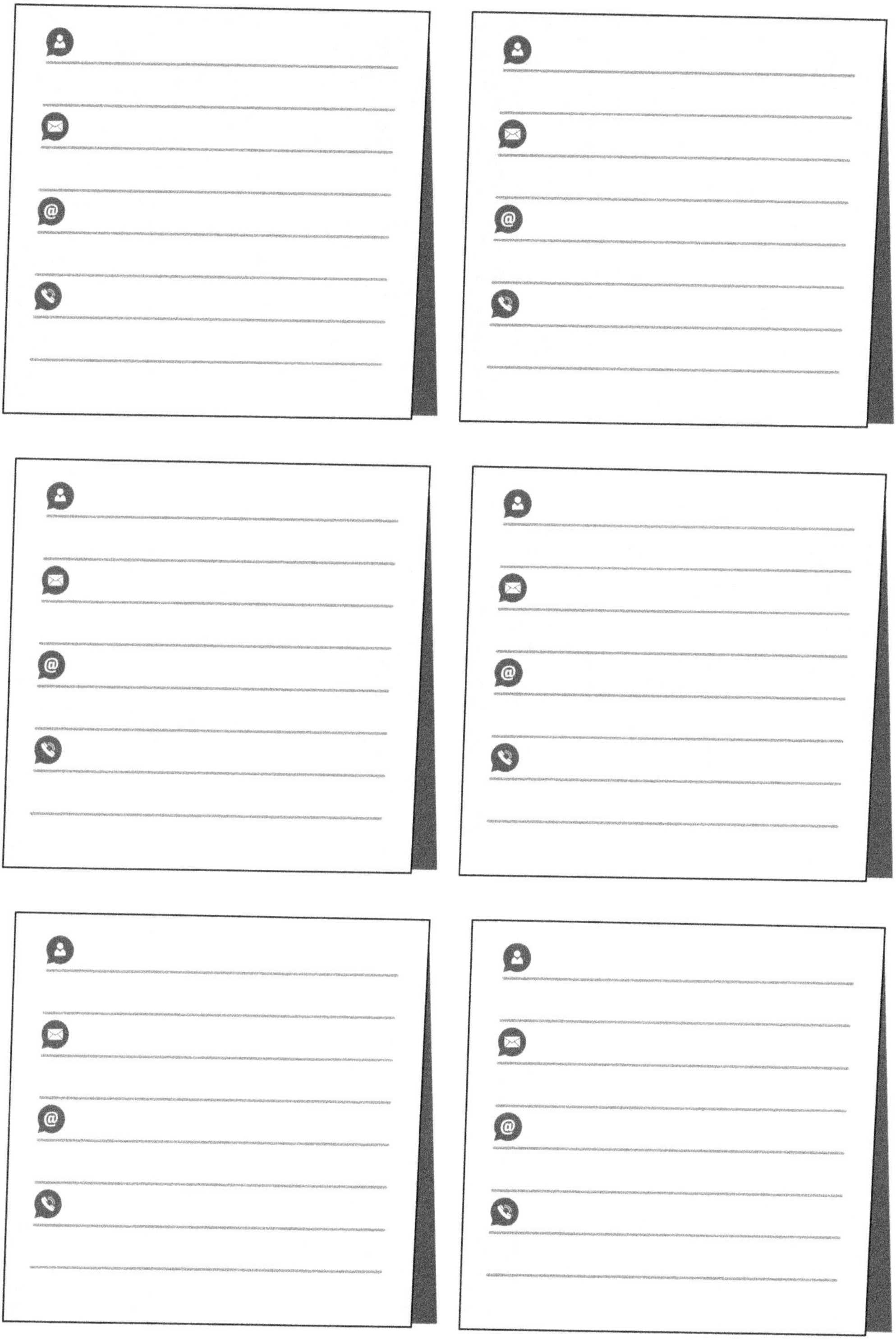

N

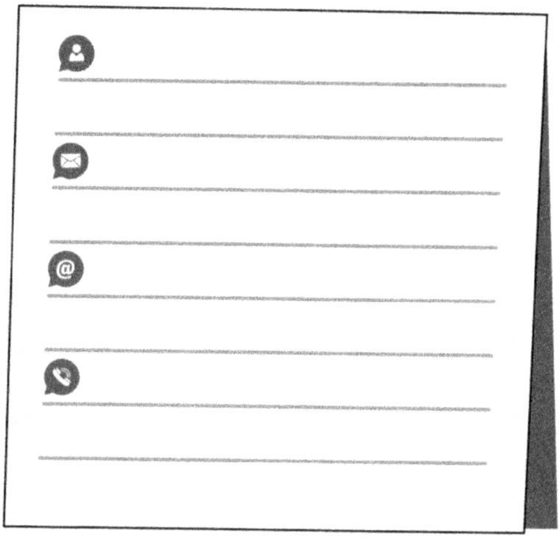
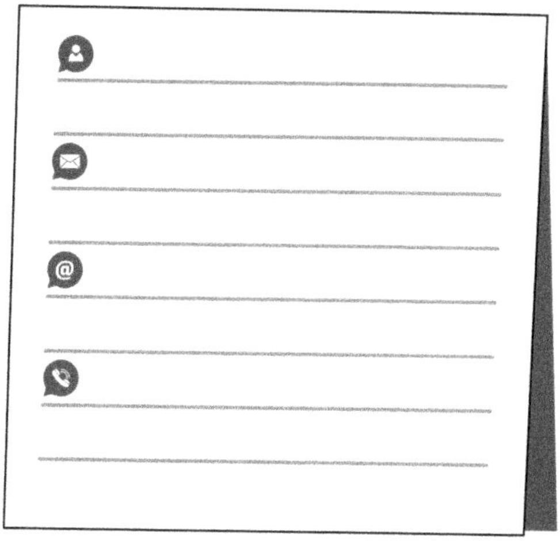
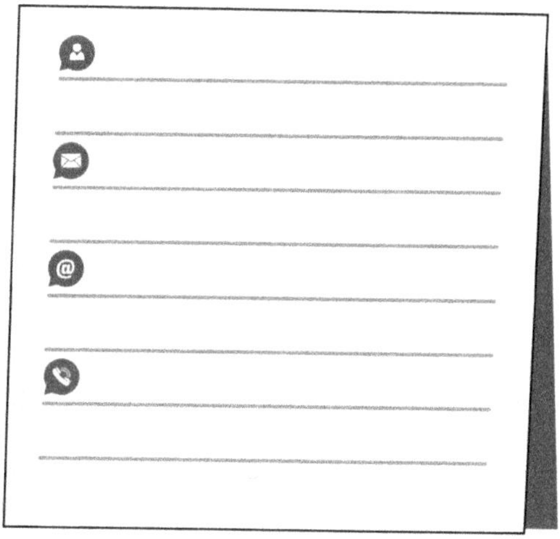
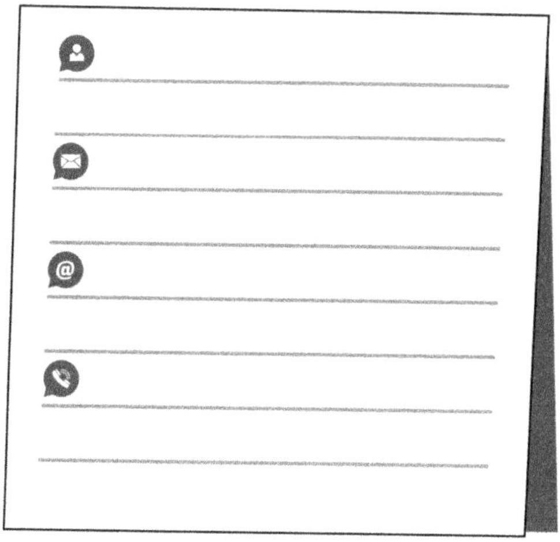
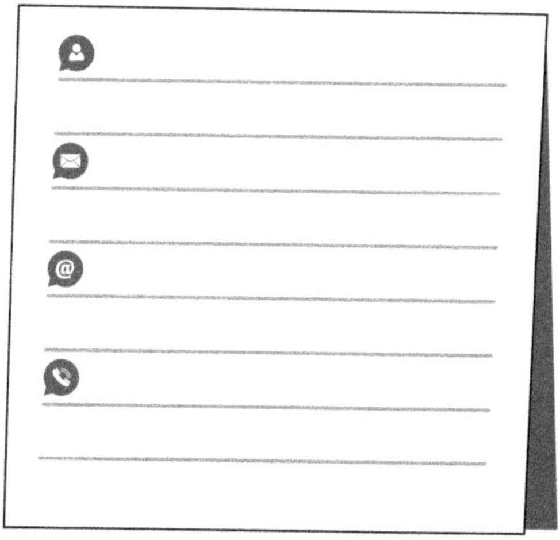
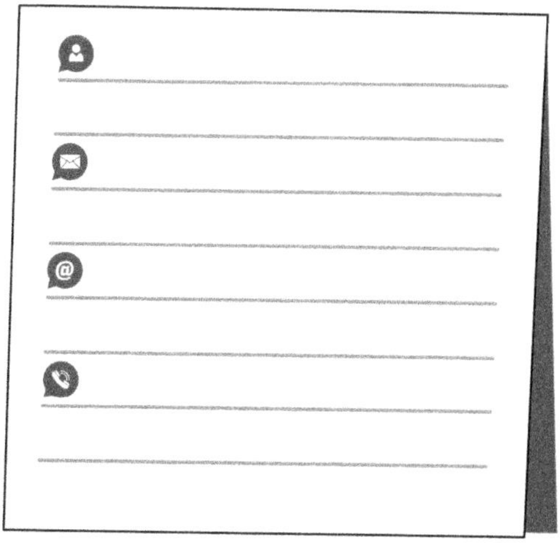

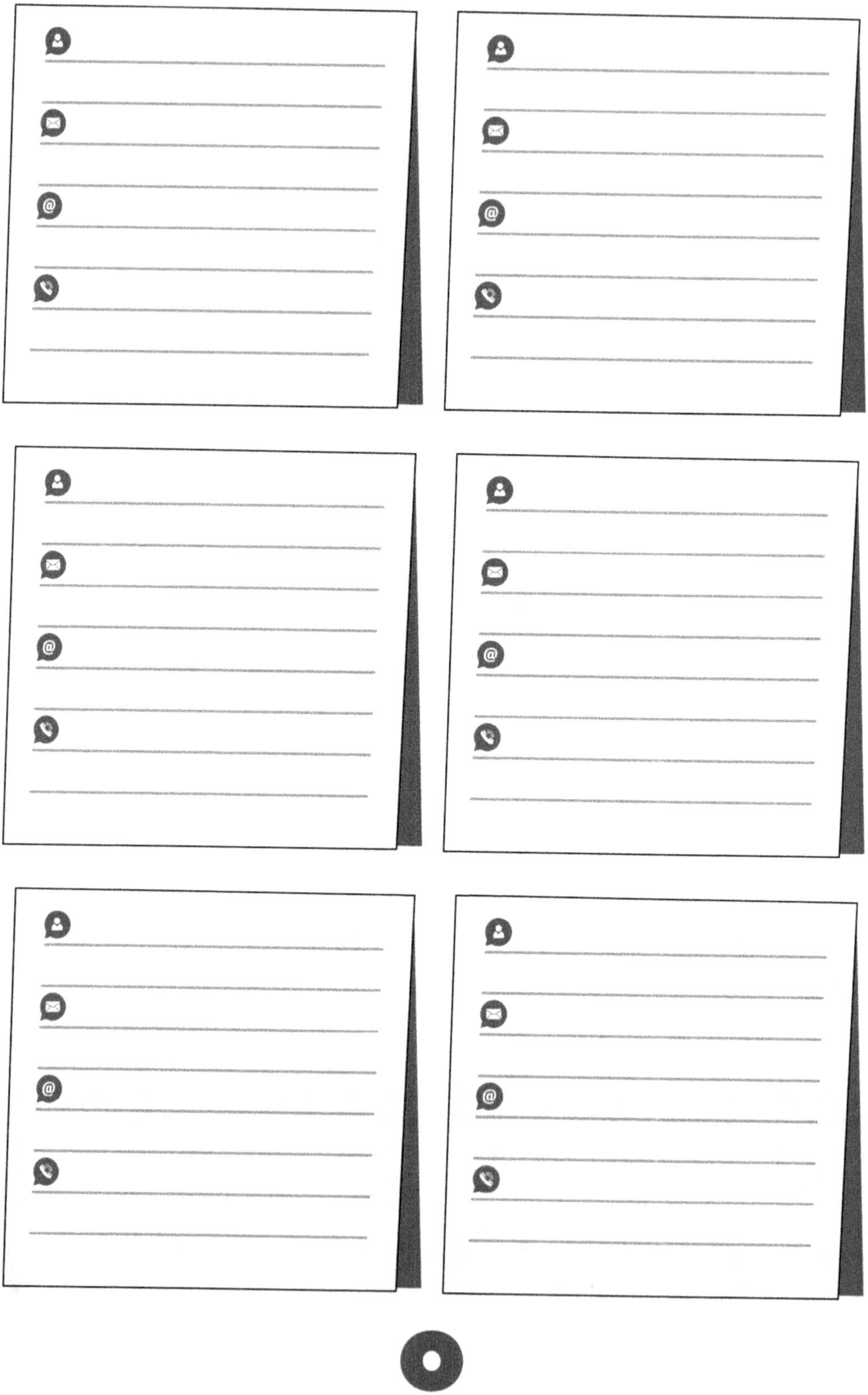

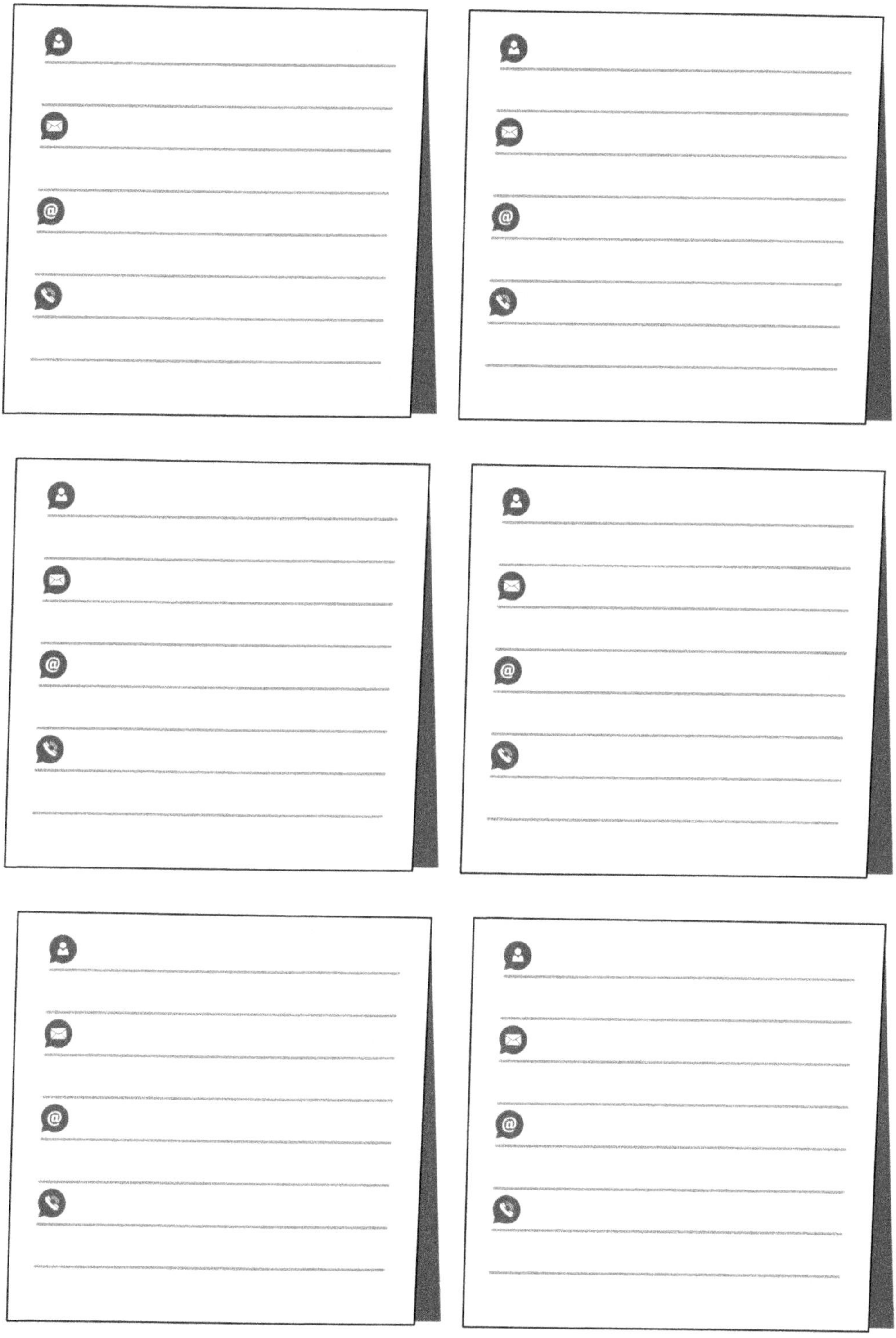

P

P

P

P

P

s

S

S

S

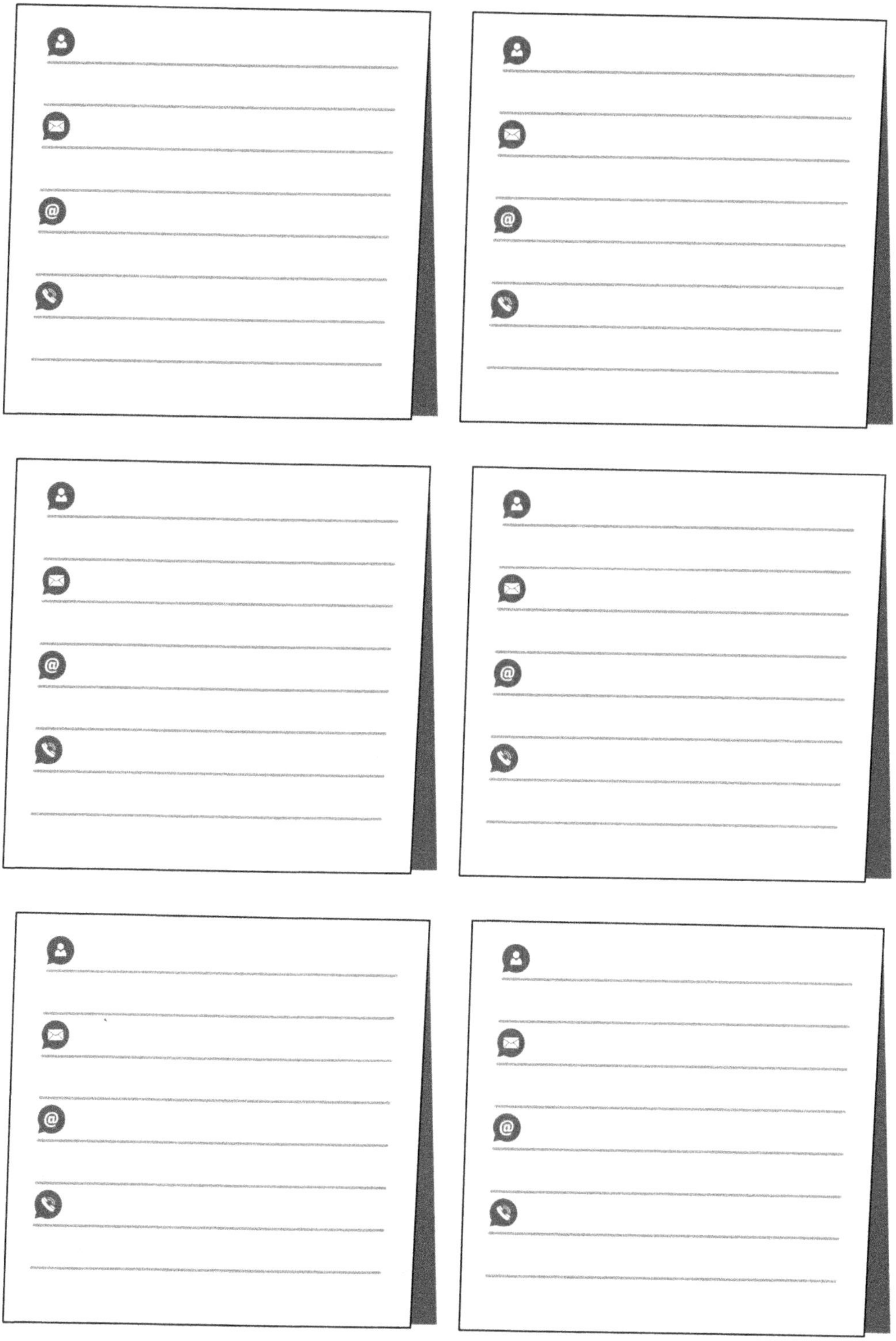

T

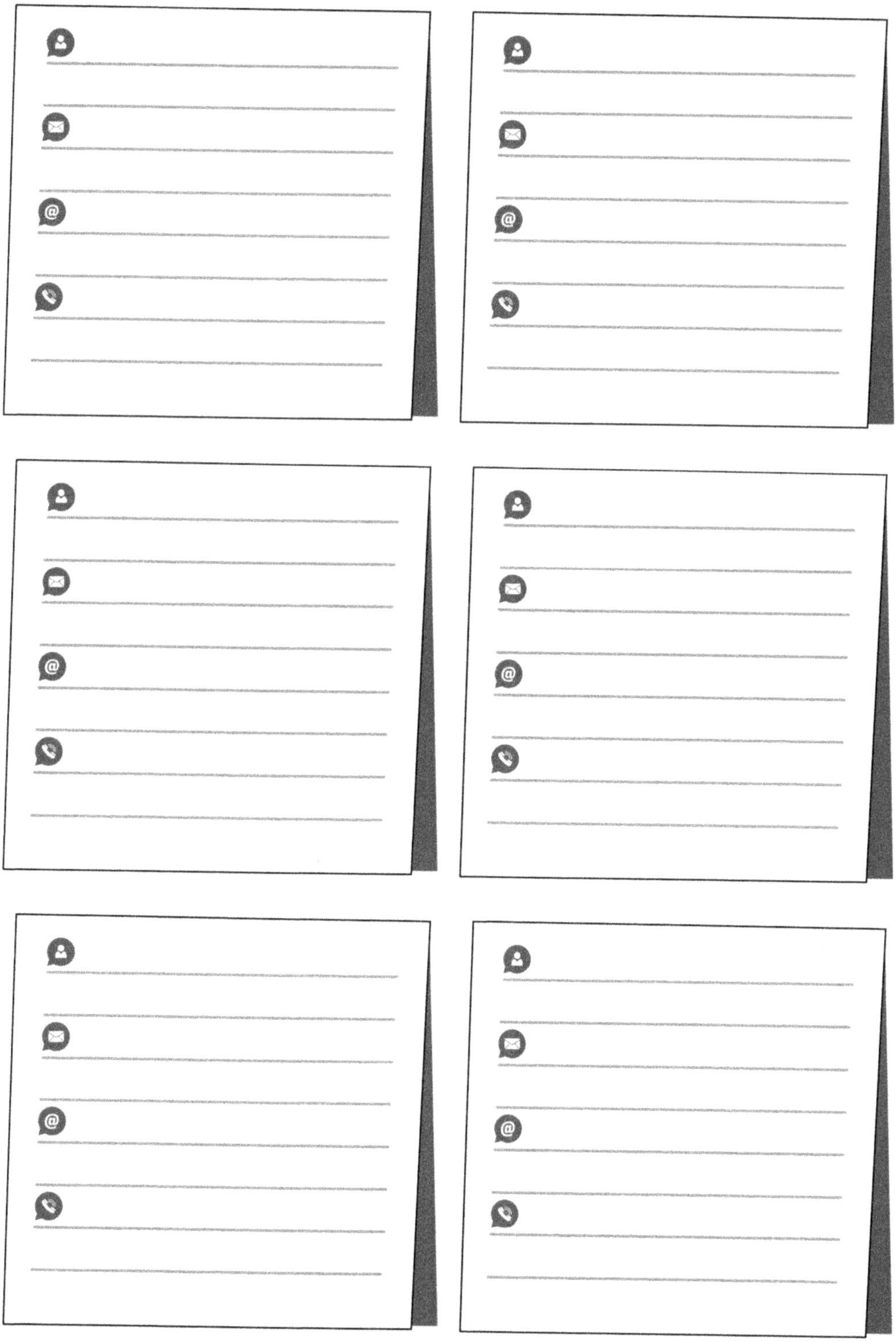

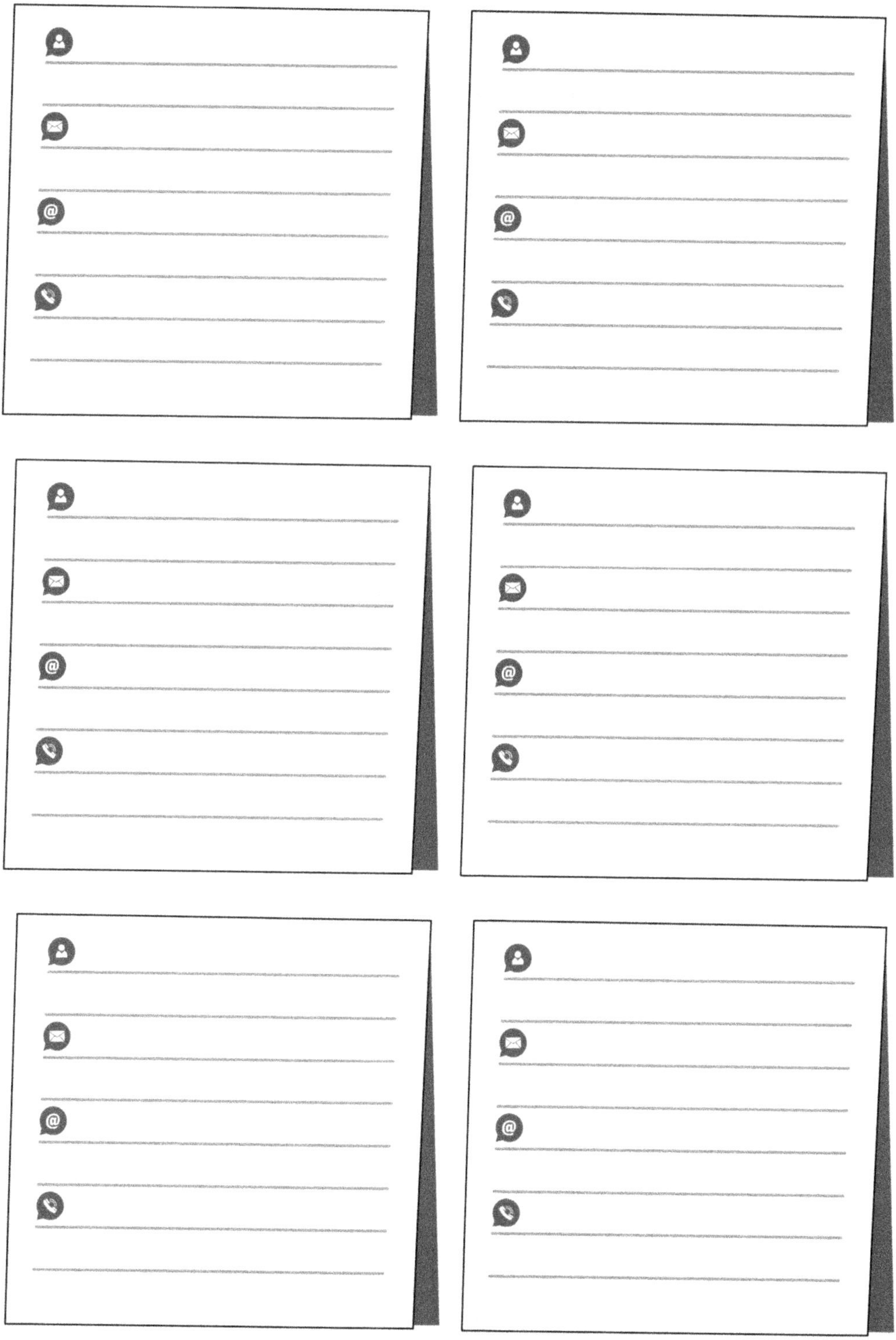

V

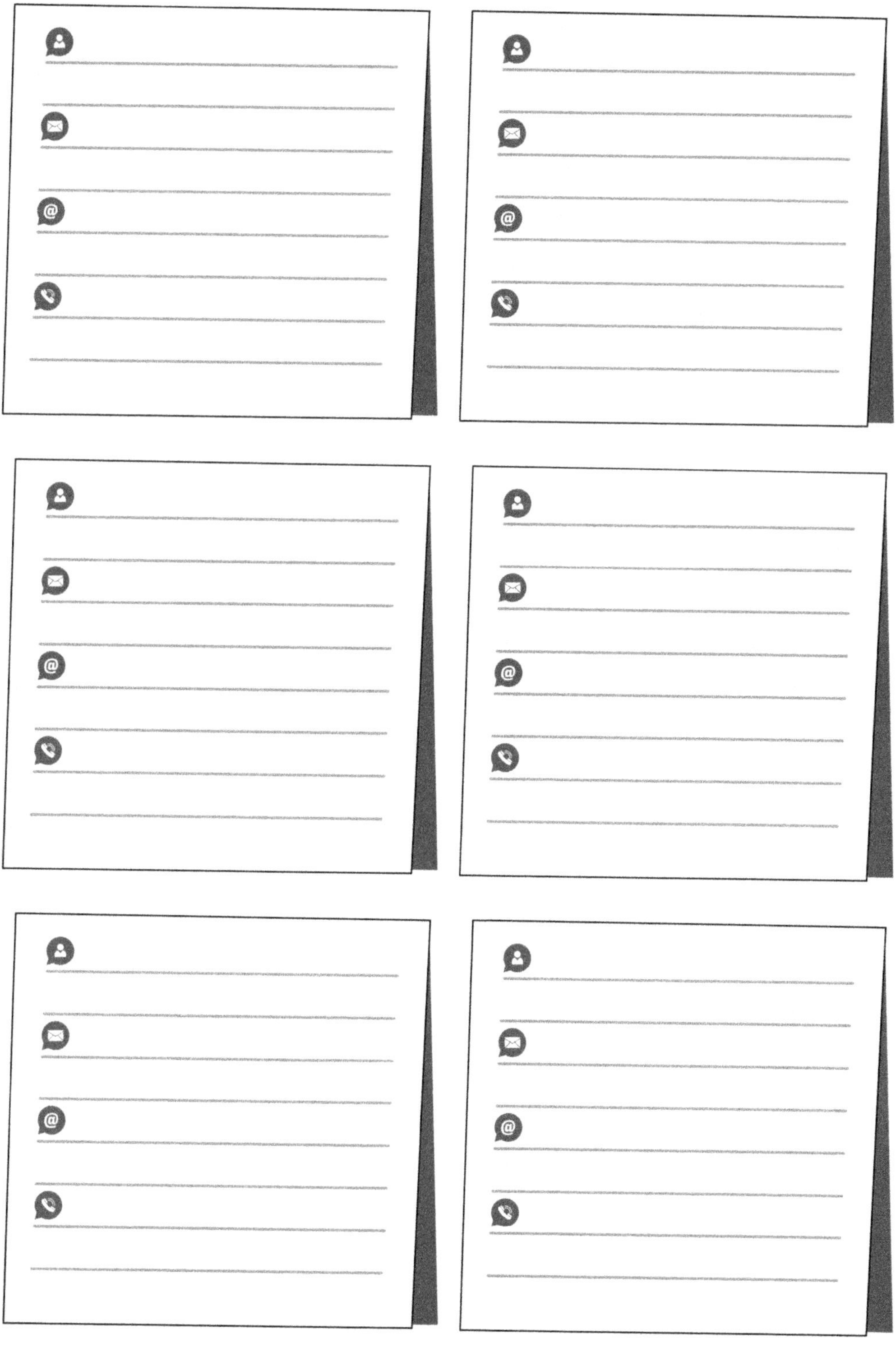

V

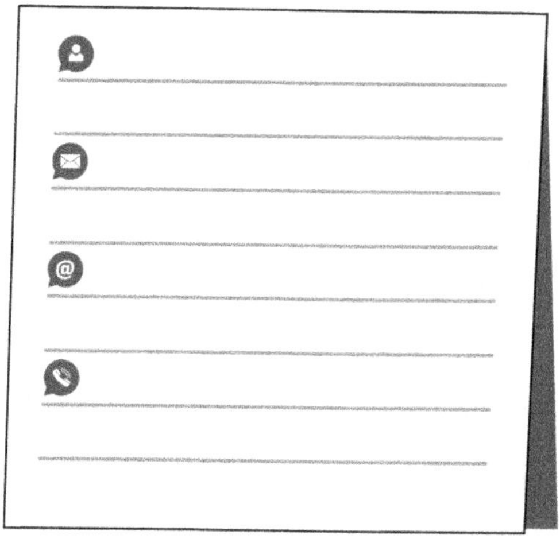
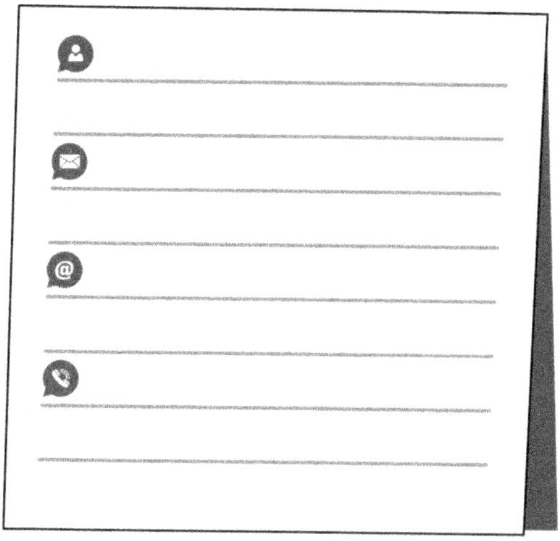
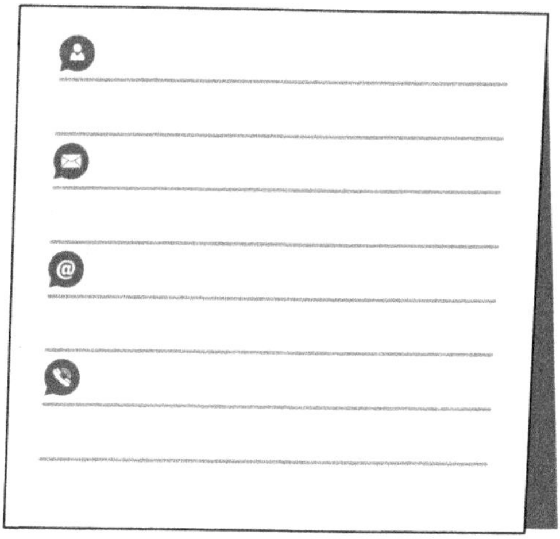
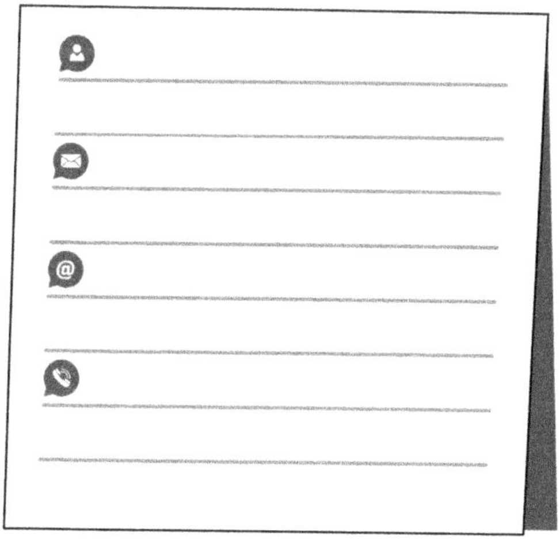
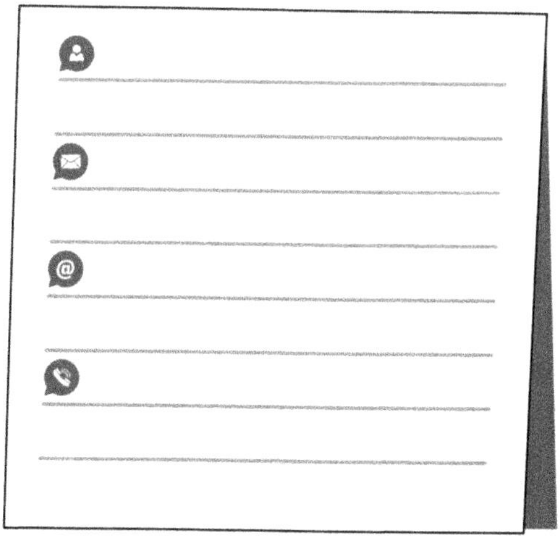
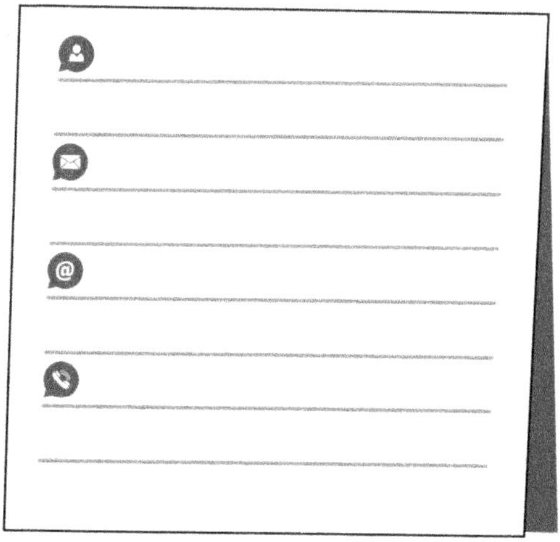

V

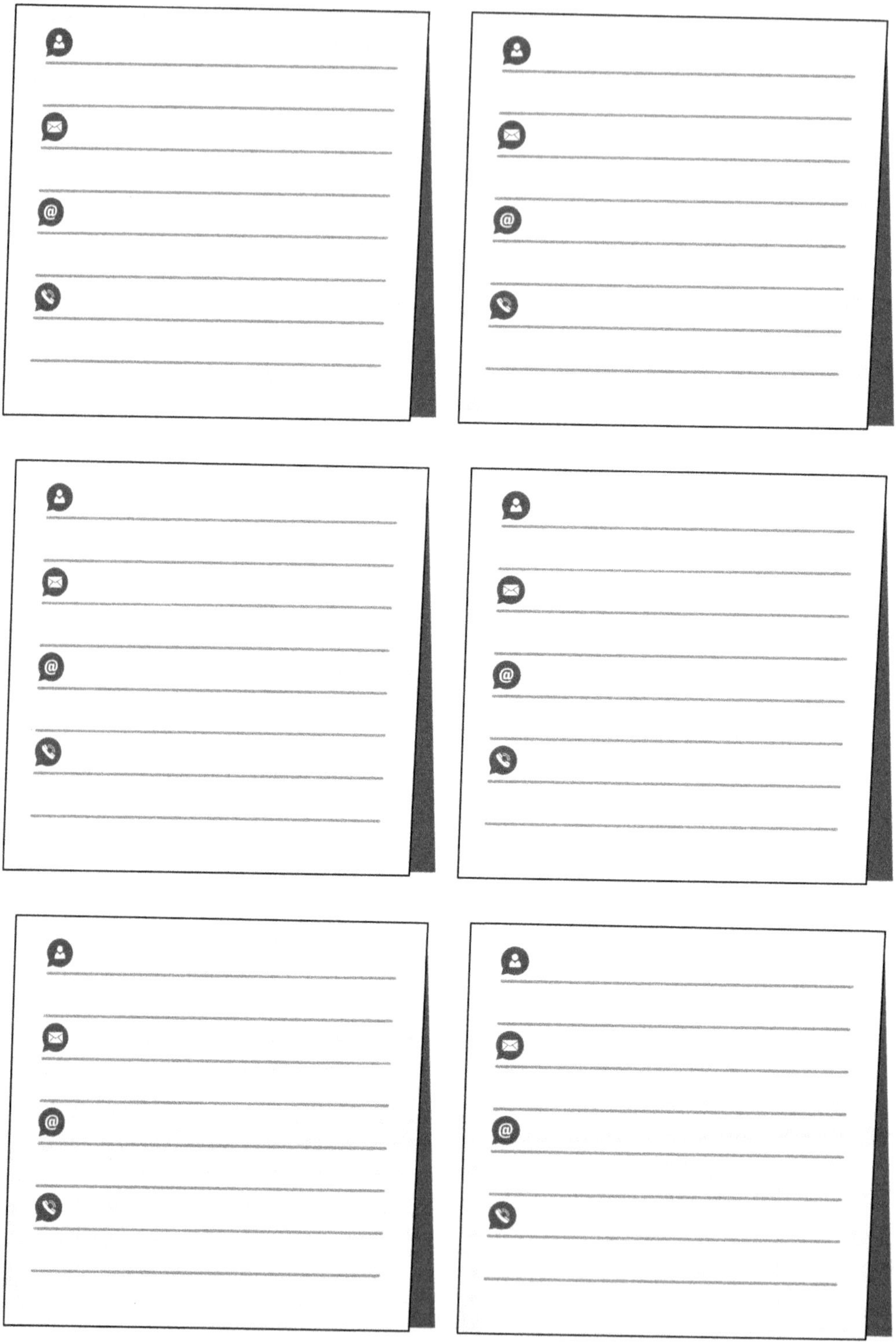

Y

Y

Y

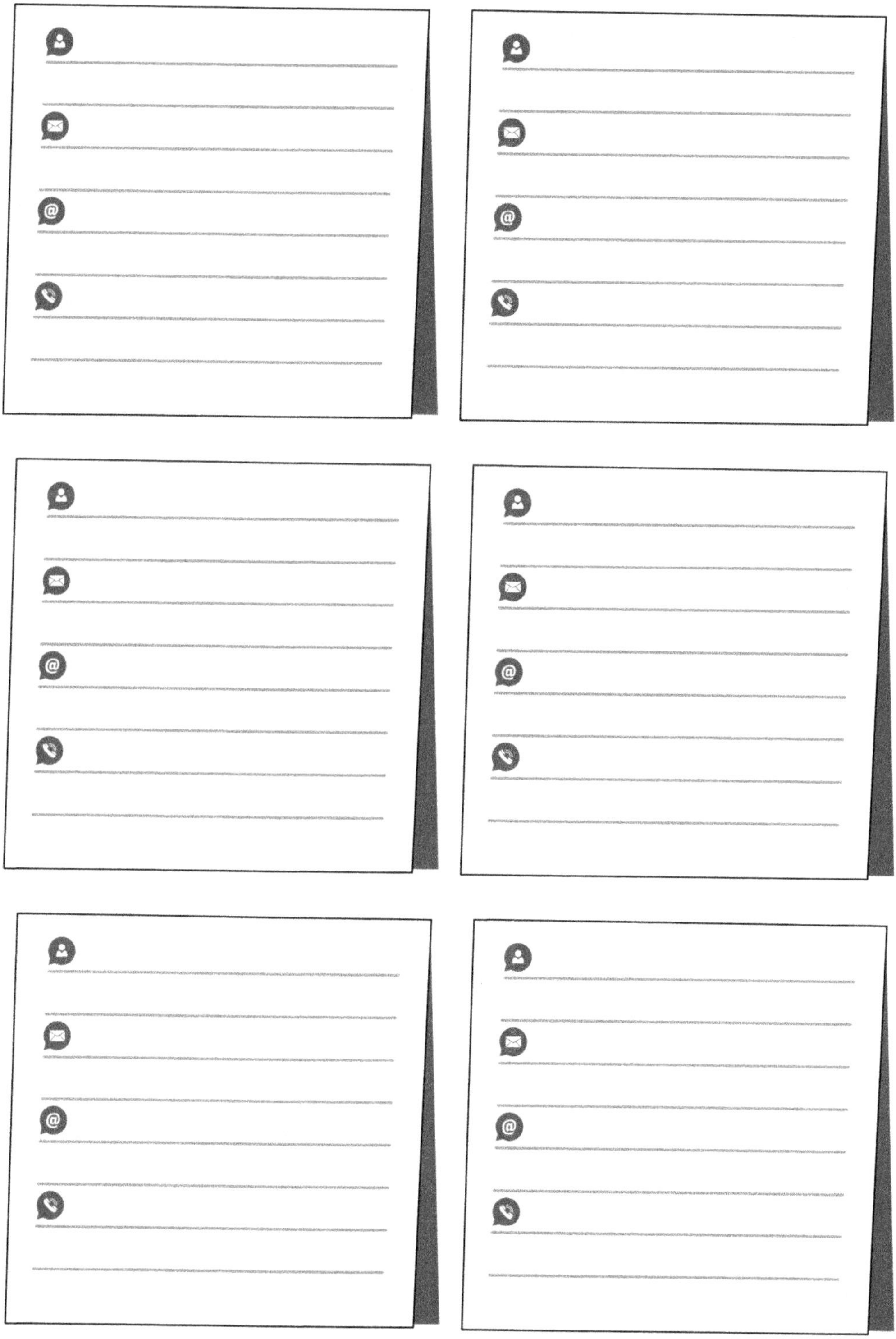

Z

z

z

z

Impressum:

Philipp Hesse
c/o Werneburg Internet Marketing und Publikations-Service
Philipp-Kühner-Straße 2
99817 Eisenach

Copyright: Philipp Hesse